Notes from the Underdog

Anotações sobre o Abaixo de Cão

Notes from the Underdog

Agriculture for Subsistence in Porto

Alexandre Delmar
Luís Ribeiro da Silva
Margarida Quintã
Joaquim Moreno

Edited by / Editado por
John Wriedt

Anotações sobre o Abaixo de Cão

A Agricultura de Subsistência do Porto

Preface

Prefácio

If a dog could have written this, it would likely be more objective in a way that I am not capable of.

Porto, as with many other cities around the world, has exhausted its capacity to cater to the legitimate population residing within its boundaries. The most deprived are the pensioners without adequate means to pursue their livelihoods and the unemployed: in short, marginal citizens.

In Porto these marginal people discovered the margins within the grounds of the city. Not at the external edge of the city, but at the inner edges, along the sides of railway lines, freeways, bodies of water, electrical lines, swimming pools, etc. There, in the most marginal and neglected territories, they have begun to cultivate in a way that nobody has done before. On these sites, they give us all a lesson in ingenuity. They are inventing new methods of constructing terraces, of fashioning aqueducts from plastic, of making their own tools, and of defining their own plots.

Alexandre Delmar, photographer, and Luís Ribeiro da Silva, architect, have stumbled on this phenomenon which until now has been totally ignored and neglected by the authorities to the relief of those concerned. These marginal individuals supplement their meager diets with a supply of vegetables grown on these unregistered patches. The worker who lost his hand in an accident at a marble workshop had to reinvent his tools; he has created a universe of labor all his own. The man who discovered the drainage canal for a public swimming pool has developed an ingenious method to purify the water for use in his own garden. These individuals should be celebrated by us all as exemplary human beings in their refusal to comply with their allotted destiny and in their ability to forge their own unconventional existences. What stands out here is the degree to which they are reinventing themselves, turning themselves into cultivators of a kind. These interventions remind us that the concept of “culture” is derived from the word “agriculture”; the actions taken by these gardeners force us to reconsider the ancient agricultural origins of the modern culture that their interventions have helped to humanize. The philosopher who finds himself living like a dog thereby restores his own human existence to himself: he is thus very near to us, as in each and every one of us there is the dog-like existence that guarantees our humanity in the absence of human institutions or in times in which they are unable to function. These marginal cultivators have restored their own humanity to themselves and to us indirectly.

To sing their praises to our fellow citizens is our duty, the duty of the witness who will restore the dance of the fireflies,[1] who will redeem the collective and restore our trust in mankind.

Yehuda Emmanuel Safran

1 Pasolini, Pier Paolo (1975). "The Power Void in Italy" or "The Article on the Fireflies". *Corriere della Sera*, 1 February 1975.

Se fosse um cão a escrever seria provavelmente
mais objetivo do que eu.

O Porto, tal como muitas cidades em todo o mundo, esgotou a capacidade de atender a população residente. Os desempregados e os pensionistas, com escassos meios para garantir a sua subsistência, são dos socialmente mais pobres, isto é, cidadãos marginalizados.

No Porto, estes cidadãos menorizados descobriram o seu território no interior do espaço urbano. Não no espaço exterior à cidade mas em áreas internas, ao lado de linhas de caminho de ferro, de autoestradas, de depósitos de água, de linhas de eletricidade, de piscinas e de outros sítios. Foram os mais desprezados e abandonados territórios que eles começaram a cultivar de uma forma que ninguém antes tinha feito. Nestes lugares deram-nos uma lição de criatividade. Inventaram novos métodos de construção de socalcos, fabricaram aquedutos de plástico, fazendo as suas próprias ferramentas e limitando as suas parcelas.

Alexandre Delmar, fotógrafo, e Luís Ribeiro da Silva, arquiteto, aperceberam-se desta realidade até agora completamente negligenciada pelas autoridades, felizmente para os interessados. Estes indivíduos marginalizados acrescentam à sua magra dieta os legumes cultivados nessas parcelas não declaradas. O trabalhador que perdeu uma mão num acidente de trabalho na marmoraria tem de reinventar os seus instrumentos, criar um universo de trabalho para si próprio. O homem que descobriu um canal de água, saído de uma piscina pública, foi capaz de, engenhosamente, purificar a água para a sua horta. Estas pessoas deviam ser admiradas por todos nós como exemplos de alguém que recusou conformar-se e foi capaz de ultrapassar as suas difíceis existências. O que é importante aqui é perceber até que ponto estão estas pessoas reinventando-se a si mesmas, tornando-se elas próprias numa espécie única de agricultores. Estas intervenções lembram-nos que o conceito de "cultura" derivou da palavra "agricultura"; elas fazem-nos retornar à origem agrícola que elas próprias humanizaram. O filósofo que se vê vivendo como um cão restitui a si mesmo a sua própria existência: fica assim mais próximo de nós já que em cada um de nós existe uma vida de cão que garante a nossa humanidade na ausência de instituições ou nas alturas em que elas não funcionam. Estes agricultores marginais restauraram a sua própria humanidade e, indiretamente, a nossa.

É nosso dever louvá-los aos nossos concidadãos, é nosso o dever do testemunho que restaurará a dança dos pirilampos[1], que redimirá a sociedade e restaurará a nossa confiança na humanidade.

Yehuda Emmanuel Safran

1 Pasolini, Pier Paolo (1975). "O vazio do poder em Itália" ou "O artigo dos pirilampos". *Corriere della Sera*, 1 de Fevereiro de 1975.

To Identify	Identificar
To Comprehend	Compreender
To Apply	Aplicar
To Reevaluate Means	Reavaliar Meios
To Redefine Professionalism	Redefinir Profissionalismo
To Reconsider Universals	Reconsiderar Universais

Gardens

Hortas

The addict's garden

[17]

A horta do toxicodependente

[18]

1 Located on the edge of the metro line, a short distance from the place of consumption, right next to the lemon tree.

1 Implantação em margem de proteção do metro, a curta distância do local de consumo, ao lado do limoeiro.

2 Camouflaged within the high grass,
3 but delimited by audio tape.

2

3

2 Camuflagem entre as ervas altas,
3 mas delimitação com fita de cassete áudio.

4 Composting of lemons that dissolved heroin, and recycling of trash can as compost bin.

4 Reciclagem de limões que dissolveram heroína para adubo e de caixote do lixo para compostor.

The garden of the one who is never there

A horta do que nunca lá está

[28]

5 Repeatedly “hasn’t arrived yet.”

5 Repetidamente “ainda não chegou.”

6 Located underneath railway viaduct.
Facing south: sunny all day long.

6 Implantação debaixo da linha de comboio.
Virado a sul: sol todo o dia.

[36]

7 – 13 Water supply through redirection of the viaduct's stormwater drainage system:

7–9 Interconnected barrels under drainpipe;

10–13 Extension and redirection of downspouts.

7 – 13 Abastecimento de água por redirecionamento da rede de drenagem de águas pluviais do viaduto:

7–9 Bidões comunicantes sob tubo de descarga;

10–13 Extensão e encaminhamento de tubos de queda.

7

8

9

OF SOUTH AFRICA

[46]

14 – 16 Landscaping of the plot:

14 – 16 Domagem do terreno:

15 Terraces for the crops;

15 Socalcos para disposição das culturas;

16 Stair with steps in hollow clay tiles and marble gravestone for movement within the garden.

16 Escada com degraus em tijolo vazado e lápide de cemitério para movimentação dentro da horta.

17
- 18 Protection against intrusion:

17
- 18 Proteção contra intrusão:

17 Mesh safety fence;

17 Rede de proteção das obra;

APS
APS

18 “Porto Extremo” henhouse.

18 Galinheiro “Porto Extremo”.

PORTO EXTREMO

[60]

At the highest point,
with panoramic view.

No ponto mais alto,
com vista panorâmica.

[64]

The family's garden

A horta familiar

21 They all work:
father, mother, and son.

21 Trabalham todos:
pai, mãe e filho.

[68]

22 Located at a freeway intersection, taking advantage of the protection provided by the overpass abutment and the pre-existing fence.

22 Implantação em nó de via rápida, aproveitando o resguardo da fundação do viaduto e da vedação preexistente.

LS
Luis Simões

LS LS
40

23 – 25 Landscaping of the plot:

23 – 25 Domagem do terreno:

23 Access path in compacted earth;
24 Flat ground for the first crops;

23

24

23 Caminho de acesso em terra batida;
24 Terreno plano para as primeiras culturas;

40

25 Terraces for expansion of the gardening area.

25 Socalcos para expansão da área de cultivo.

40

[78]

26 – 29 Lateral soil retention by plank and pile walls:

Piles in wood, metal;
Planks in wood boards, pvc-coated wire mesh, pvc roller shutters.

26 – 29 Contenção lateral dos solos de culturas por paliçadas:

Estacas em madeira, metal;
Pranchas em tábuas, rede plastificada, persianas.

26

[80]

27

28

29

[82]

30 – 35 Protection against intrusion, physical and visual:

30 – 35 Proteção contra intrusão, física e visual:

30 Watchdog;

30 Cão de guarda;

31 Pre-existing fence with Galician kale infill;

31 Vedação preexistente com preenchimento de couve-galega;

32 Fence with tree-trunk support,
– 35 concrete wire mesh, mortar foundation;
Infill of corrugated pvc sheets, corrugated
cement-board sheets, pvc roller shutters,
wood boards, bed sheets.

32 Vedação com estrutura de troncos,
– 35 trama de malha-sol com sapata de massa;
Preenchimento em chapa plástica,
chapa de fibrocimento, persianas, tábuas, lençóis.

33

34

35

[96]

36 Shed in textile, with yard.

Water supply from freeway's stormwater drainage system.

36 Abrigo em têxtil, com quintal.

Abastecimento de água por ligação à rede de drenagem de águas pluviais da via rápida.

[100]

The fisherman's garden

[101]

A horta do pescador

37 A river fisherman fishes
only in the summer;
in the winter he gardens.

37 Pescador de rio só pesca no Verão;
no Inverno faz a horta.

[104]

38 Located on a private plot.

Water supply from rainwater collection in barrels in the upper part of the plot, and distribution through irrigation vessels with siphon system – "suck the hose."

Earth for everything.
Differentiated uses of the soil:
plowed, for gardening areas; heaped up, for separations between crops; compacted, for circulation paths.

38 Implantação em terreno privado.

Abastecimento de água por recolha de águas pluviais em bidões na zona alta do terreno e distribuição por canais de irrigação com sistema de sifão – "chupa na mangueira."

Tudo em terra. Utilização diferenciada do solo: lavrado, para zonas de cultivo; amontoado, para separadores de culturas; batido, para caminhos de circulação.

39 – 41 Protection against intrusion:

[109]

39 – 41 Proteção contra intrusão:

39 Watchdog with chain and canopy spring;

 39

39 Cão de guarda com corrente e mola de toldo;

40 – 41 Door.

40

[112]

41

40 – 41 Porta.

359

42 Shed in hollow-clay-tile masonry.

Rooftop sunbathing.

42 Abrigo em alvenaria de tijolo vazado.

Banho de sol na laje.

The communitarian garden

[117]

A horta comunitária

[118]

43 They cooperate, as much as needed.

43 Cooperam, o necessário.

44 Located on vacant institutional plot,
– 45 tacit maintenance agreement.

44

[122]

45

44 Implantação em terreno institucional
– 45 desocupado, acordo tácito de manutenção.

46 Protection against intrusion from exterior – gateway.

46 Proteção contra intrusão externa – portão.

47 Protection against intrusion from within
– 53 – doors, one for each gardener.

47

48

47 Proteção contra intrusão interna
– 53 – portas, uma para cada um.

49

50

51

52

53 Locking by the intertwining of wood boards and metal rods, which only the gardeners are able to open. Dispenses with need for keys.

53 Fechamento por atravessamento de tábuas e ferros, que só os agricultores são capazes de abrir. Dispensa chave.

54
- 61 Sheds, one for each gardener:

55 In miscellaneous sheets;
56 In satellite dish;
57 In wood boards;
58 In stone masonry;
59 In cave;
60 In porch;
61 In lean-to.

54

54
- 61 Abrigos, um para cada um:

55 Em chapas;
56 Em parabólica;
57 Em tábuas;
58 Em alvenaria de pedra;
59 Em gruta;
60 Em alpendre;
61 Em teto-parede.

55

56

57

58

59

 61

60

62 Water supply by connection
to pre-existing well,
63 and distribution network shared
by all gardeners, with alternating use
– source of all misunderstandings.

62

61

62 Abastecimento de água por ligação 63
a poço preexistente
63 e distribuição em rede partilhada
por todos os agricultores,
com utilização alternada – fonte de
todos os desentendimentos.

64 – 65 Production of compost in exceptionally large compost bins, each shared by a group of gardeners.

64

65

64 – 65 Produção de adubo em compostores de dimensão excecional, cada um partilhado por um grupo de agricultores.

66 – 72 Protection of Portuguese cabbage, lettuce, and strawberry seedlings against weather and animals – seed trays:

66 In washing machine drum;
67–68 In bathtubs;
69 In foam tank;
70 In cement-board tank;
71 In wood-board tank;
72 In stick greenhouse.

66 – 72 Proteção de rebentos de penca, alface e morango contra intempérie e animais – viveiros:

66 Em tambor de máquina de lavar;
67–68 Em banheiras;
69 Em tanque de espuma;
70 Em tanque de fibrocimento;
71 Em tanque de tábuas;
72 Em estufa de paus.

67

68

69

[151]

70

71

72

73 Delimitation of the gardening
– 74 areas of Portuguese cabbage
with video tape.

73

[154]

74

73 Delimitação das zonas de cultivo de
– 74 penca com fita de cassete de vídeo.

75 – 90 Lateral soil retention:

75 – 90 Contenção lateral dos solos de culturas:

75 Gravity retaining wall in stone;

75 Muro de gravidade em pedra arrumada à mão;

[160]

76 – 81 Plank and pile walls, with planks:

76–77	In kitchen sink;
78	In dismantled electrical appliances;
79	In oriented strand board;
80	In composite panel and plate;
81	In ironing board;

76 – 81 Paliçadas, com pranchas:

76–77	Em banca de cozinha;
78	Em electrodomésticos desmotados;
79	Em placas de tabopan;
80	Em painel sandwish e prato;
81	Em tábua de passar a ferro;

76

[162]

77

78

79

80

81

[166]

82 – 90 Plank and pile walls, with piles:

82–85 In plumbing pipes;
86–87 In tent frame;
88–89 In sawn metal structure;
90 In wood stake.

82 – 90 Paliçadas, com estacas:

82–85 Em tubos de canalização;
86–87 Em armação de tenda;
88–89 Em estrutura metálica serrada;
90 Em pau.

91 – 96 Landscaping of the plot – stairs:

91 Of risers;
92 Of nosings;
93 Of treads;
94 Ramp-like;
95 Ship-ladder-like;

91 – 96 Domagem do terreno – escadas:

91 De espelhos;
92 De focinhos;
93 De cobertores;
94 Em rampa;
95 De barco;

91

[182]

92

[183]

94

[186]

95

96 For ascending only; for descending you must go around.

96 De subida; para descer vai à volta.

[190]

The firefighter's garden

[191]

A horta do bombeiro

97 Performed many rescues
right below his garden.

97 Socorreu muitos acidentes
mesmo abaixo da sua horta.

98 Located on the edge of the freeway,
on a very steep slope.

Landscaping of the plot with terraces,
but no stairs.

98 Implantação em margem de proteção de
via rápida, em terreno de grande pendente.

Domagem do terreno em socalcos
e não há escadas.

99 Crutches.

99 Muletas.

100 – 102 Placement of grab bars to assist mobility:

[200] 100

100 – 102 Colocação de barras de segurança para auxílio da movimentação:

101 In umbrella handle;
102 In plumbing pipes.

101

102

101 Em moca de guarda chuva;
102 Em tubos de canalização.

[204]

103 "The earth insisted on sliding."

103 “A terra teimava em escorregar.”

104 – 107 Lateral retention of the terraces by discontinuous walls:

104 In trunks and stems;
105 In straw from garden clean up;
106 In rocks;
107 In wild vegetation.

104 – 107 Contenção lateral dos socalcos por muros descontínuos:

104 Em troncos e caules;
105 Em palha de limpeza da horta;
106 Em pedras;
107 Em vegetação bravia.

104

105

106

107

[214]

108 – 111 Tensioning of Galican kale on sloped ground:

108–109	In metal wire;
110	In chain;
111	In diverse types of string.

108 – 111 Tensionamento das culturas de couve-galega em solo inclinado:

108–109	Em arame;
110	Em corrente;
111	Em cordões diversos.

108

[216]

109

110

[217]

111

[218]

112 – 116 Fabrication of tools in recycled metal.

112 – 116 Fabrico de ferramentas em metal reciclado.

117 Arrangement of work tools on the freeway fence, which is also used for
118 accommodation of the entrance door and protection against intrusion.

117

118

117 Organização dos instrumentos de trabalho na vedação da via rápida, que também serve para
118 instalação da porta de entrada e proteção contra intrusão.

119 Water supply by collection
– 120 of rainwater in 20L paint buckets, using corrugated sheets and screen.

119

120

119 Abastecimento de água por drenagem das
– 120 águas pluviais para latas de tinta de 20L, usando chapa ondulada e tela.

121 Water storage in 5L water bottles:
– 122 over 300 to avoid shortage during summer.

121

122

121 Armazenamento da água em garrafões
– 122 da mesma: tem mais de 300 para que não falte no Verão.

123 Production of compost by placing garden
– 124 leftovers in precast concrete channels.
Lined up along the upper edge
of the plot, the channels are also used
as the main circulation path
– treading accelerates decomposition.

123 Produção de adubo por deposição
– 124 dos restos vegetais de limpeza da horta
em canaletes prefabricados de betão.
Alinhados no limite superior do terreno,
os canaletes servem também
como principal carreiro de circulação
– o calcamento acelera a decomposição.

[242]

The bricklayer's garden

[243]

A horta do trolha

125 Construction was the first industry affected by the crisis.

125 A construção civil foi a primeira a sofrer a crise.

126 Located on either side of the municipal-swimming-pool drainage canal – guaranteed water supply.

126 Implantação nas margens do canal de drenagem das águas da piscina municipal – rega garantida.

3,90 m

A29
A1 Lisboa portagem
A28
Porto (Freixo)
Andorinho
hospital

127 – 131 Water supply:

127 – 131 Abastecimento de água:

127 Collection and treatment of water
– 128 from the municipal-swimming-pool drainage canal – indirect irrigation;

129 Use of the outlets from the freeway's stormwater drainage system to create furrows and prepare seedbeds – direct irrigation.

127 Recolha e tratamento da água do canal de drenagem
– 128 da piscina municipal – rega indireta;

129 Aproveitamento dos afluentes de drenagem das águas pluviais da via rápida para construção de leiras e montagem de sementeiras – rega direta.

128

129

130 – 131 The water supplied by the municipal swimming pool requires treatment – elimination of chlorine through evaporation over two-week resting period. When the water turns black, it is ready for use without risk of scorching crops.

130 – 131 Tratamento da água da piscina municipal – eliminação do cloro por pousio das águas durante aproximadamente duas semanas.
Quando a água fica negra está pronta a ser utilizada sem risco de queimar as culturas.

130

[256]

131

132 Fabrication of tools:
– 133 Water collector in trash can, curtain rod, and angle bracket.

132

133

132 Fabrico de ferramentas:
– 133 Captador de água em balde do lixo, varão de cortinado e cantoneira.

[260]

134 – 138 Production of differentiated composts:

134–135	Human excreta in sunken barrels for protection against theft;
136	Goat excreta from neighbor;
137	Green waste produced in the garden: spoiled vegetables, vegetable skins, fruit cores, leftovers;
138	Green waste from garden cleaning in enclosed container: trimmings, leaves, weeds. Anaerobic composting.

134 – 138 Produção de adubos diferenciados:

134–135	Dejetos de agricultor em bidão enterrado para não ser roubado;
136	Dejetos de cabras de vizinho;
137	Lixo orgânico produzido na horta: vegetais estragados, cascas, caroços, restos;
138	Lixo orgânico da limpeza da horta em recipiente fechado: podas, folhas, ervas daninhas. Compostagem anaeróbica.

135

136

137

[266]

138

139 – 140 Landscaping of the plot:

139 – 140 Domagem do terreno:

139 Drawbridge in scaffold board;

139 Ponte móvel em prancha de andaime não homologado;

140 Stair-ramp perpendicular to contours connecting the level paths. Compacted earth with risers in staked wood boards.

140 Escada-rampa paralela à pendente ligando os carreiros de nível. Terra batida com espelhos de tábuas estacadas.

141 – 146 Lateral soil retention:

141 – 146 Contenção lateral dos solos das culturas:

141 – 142 Gravity retaining wall in New Jersey barriers, with protection against theft by heightening barrier with lattice of sticks;

141 – 142 Muro de gravidade em separadores de via New Jersey, com proteção contra roubo por alteamento da barreira com trama de paus;

141

[278]

142

[280]

143 – 146 Plank and pile walls, with planks:

143	In wood boards;
144	In scaffold planks;
145	In pvc roller shutters;
146	In closet doors.

143 – 146 Paliçadas, com pranchas:

143	Em tábuas;
144	Em andaimes não homologados;
145	Em persianas;
146	Em portas de armário.

143

144

145

146

147 Abandoned seed tray in combination baby bathtub and changing station.

147 Viveiro abandonado em banheira com muda-fraldas.

brevi

148 – 150 Protection of tomato seedlings against weather and animals – greenhouses in 5L water bottles with bottom cut off.

148 – 150 Proteção de rebentos de tomate contra intempérie e animais – estufas em garrafões de água cortados.

149

[290]

150

6 litros
ÁGUA
de Nascente
cruzeiro
Natural

151 Shed in wardrobe parts.

151 Abrigo em guarda-vestidos.

V. N. Gaia
Vila D' Este
Virgem
hospital
Jaca

152 At the highest spot, with back turned
to the freeway.

152 No ponto mais alto,
de costas para a via rápida.

The expatriate’s garden

A horta do expatriado

153 Brought the crops from home country.
Main source of livelihood.

153 Trouxe as culturas de casa.
Principal fonte de subsistência.

154 Located on municipal plots vacated after the 25 April 1974 revolution when the slums were demolished and local inhabitants were relocated to public housing projects. Cliff between the Douro bank and the railway line.

154 Implantação em terrenos municipais desocupados no pós-25 de abril de 1974 aquando da demolição das habitações precárias e da relocação dos seus habitantes em bairros sociais. Escarpa entre a margem do Douro e a linha do comboio.

155 – 156 Protection against intrusion:

155 Fishing net;
156 Mesh safety fence.

155

156

155 – 156 Proteção contra intrusão:

155 Rede de pesca;
156 Rede de sinalização para obras.

157 Landscaping of the plot in nests of stone for corn cultivation.

157 Domagem da topografia em ninhos de pedra para cultivo de milho.

158 Following the clearing of the site, the cliff was used as a garbage dump by the neighbors, who threw trash bags down the hill. The terraces were built over this substrate of trash, and the garden is exceptionally fertile – consequence of the decomposition of the underlying layer of trash?

158 No seguimento da desocupação a escarpa foi usada como lixeira pelos vizinhos mais próximos que atiravam os sacos do lixo ribanceira abaixo. Os socalcos foram construídos sobre este substrato de lixo e a horta é excecionalmente fértil – resultado da decomposição da base de lixo?

159 Galician kale and lemon balm
fertilized by the trash of others.

159 Couve-galega e erva-cidreira
fertilizadas pelo lixo dos outros.

160 – 165 Lateral soil retention:

160 – 165 Contenção lateral dos solos das culturas:

160 – 161 Plank and pile walls above gravity retaining wall in stone;

160

161

160 – 161 Paliçadas sobre muro de gravidade em pedra;

[320]

162 – 165 Plank and pile walls, with planks:

162	In refrigerator door;
163	In refrigerator shelf;
164	In drying rack;
165	In railway sleeper.

162 – 165 Paliçadas, com pranchas:

162	Em porta de frigorífico;
163	Em gaveta de frigorífico;
164	Em estendal de roupa;
165	Em “solipa” de linha de comboio.

162

163

164

165

166 – 169 Protection of Portuguese cabbage, onion, pumpkin, and pellitory-of-the-wall seedlings against weather and animals – seed trays:

166–167	In laundry sinks;
168	In milk container;
169	In bottles.

166 – 169 Proteção de rebentos de penca, cebola, abóbora e parietária contra intempérie e animais – viveiros:

166–167	Em tanques de lavar roupa;
168	Em pacote de leite;
169	Em garrafas.

166

167

168

[328]

169

170 Tensioning of Galician kale on sloped ground with shoelace.

170 Tensionamento de couve-galega em solo inclinado com cordão de sapatilha.

171 – 179 Binding of sugar cane crops:

171–176	With electrical wire;
177–178	With electrical appliance cables;
179	With linen twine.

171 – 179 Amarração das culturas de cana-de-açúcar:

171–176	Com fio eléctrico;
177–178	Com cabos de electrodomésticos;
179	Com fio do norte.

171

172

173

174

175

176

177

178

179

180 – 181 Water supply by tapping into municipal-water-distribution-network pipe that crosses the upper part of the plot. Distribution through an extensive web of hoses.

180 – 181 Abastecimento de água por prolongamento de conduta dos serviços municipalizados de água que atravessa a parte alta do terreno. Distribuição por extensa rede de mangueiras.

180

[344]

181

182 – 184 Protection against intrusion – doors.

182 – 184 Proteção contra intrusão – portas.

182

[348]

183

185 Sheds in layers of materials.
– 187

185
– 187 Abrigos em escamas.

186

187

188 In the sun,
189 and in the shade.

188

189

188 Ao sol,
189 e à sombra.

The marble worker's garden

[359]

A horta do marmorista

[360]

190 He used to cut marble.

190 Cortava mármore.

191 – 192 Fabrication of tools for replacement of amputated hand:

191 – 192 Fabrico de ferramentas para substituição da mão amputada:

191 Hook in steel reinforcing bar;

191 Gancho em verguinha de aço;

192 Dibble in carved trunk.

192 Furador em tronco talhado.

193 – 195 Selection of tools to fit amputated hand.

193 – 195 Seleção de instrumentos de trabalho à medida da mão amputada.

194

193

195

35

196 – 198 Water supply:

196 Collection of water from pre-existing well;
197 Storage in barrels;
198 And distribution through an extensive web of interconnected vessels – does not carry water buckets by hand.

196 – 198 Abastecimento de água:

196 Captação de água do poço preexistente;
197 Armazenamento em bidões;
198 E distribuição por extensa rede de vasos comunicantes – não carrega baldes de água à mão.

196

197

199 Located on farmlands expropriated for the construction of the freeway. The well survived, and ultimately so did agriculture.

199 Implantação em terrenos agrícolas expropriados para construção da via rápida. Sobreviveu o poço, e finalmente a agricultura.

MÁRIO DANIEL
FORA DO BARALHO
EXPONOR

200 Visual protection – construction of barrier of staked white-bean plants.

201 Protection against intrusion – camouflaged door in freeway fence.

200 Proteção visual – construção de barreira de culturas estacadas de feijão-branco.

201 Proteção contra intrusão – porta camuflada na vedação da via rápida.

200

[385]

201

202 Support for climbing
– 203 ground-cherry and red-bean plants
with pre-existing fence.

202 Sustentação das culturas trepadeiras
– 203 de fisális e feijão-vermelho
com vedação preexistente.

202 [388] 203

204 Protection against birds
– 205 – sunlight reflection in suspended CDs.

204 Proteção contra pássaros
– 205 – reflexão de luz solar em CDs suspensos.

204

205

206 "Sometimes my wife visits the garden."

206 “Às vezes a minha mulher
vem visitar a horta.”

[396]

The entertainer’s garden

A horta do animador

207 Father of drug addict does everything
possible to entertain his son.
But “he doesn’t show up often."

207 Pai de toxicodependente
faz tudo para entreter o filho.
Mas “ele aparece pouco”.

PORCELANOSA

IC23
P.te Freixo
A3 Braga
A4 V. Real
IC23
P.te Arrábida
Gaia
A1 Lisboa

208 Located on municipal plot vacated after demolition of prefab project intended to house Portuguese citizens returning from the former colonies after the 25 April 1974 revolution.

208 Implantação em terreno municipal desocupado após a demolição de um bairro de prefabricados para "retornados".

PORCELANOSA
COZINHAS

209 Unsuccessful protection against intrusion – increase in thefts from the garden after the municipality had the site fenced.

209 Proteção contra intrusão frustrada – aumento de roubos na horta desde que a Câmara vedou o terreno.

210 Protection against rats
– feeding the neighborhood's stray cats.

210 Proteção contra ratazanas
– alimentação dos gatos vadios da vizinhança.

211 Support for climbing passion-fruit plants
– 212 with tensile structure in camping-tent poles, shoelace, pvc-coated wire, metal tube, shower hose.

211 Sustentação de culturas trepadeiras
– 212 de maracujá com estrutura tensionada em varas de tenda de campismo, cordão de sapatilha, arame plastificado, tubo metálico, bicha de chuveiro.

213 – 215 Protection of seedlings against weather and animals – seed trays:

213 In styrofoam fish boxes;
214 In yogurt cups;
215 Always covered by glass.

213 – 215 Proteção de rebentos contra intempérie e animais – viveiros:

213 Em caixas de esferovite de peixaria;
214 Em copos de iogurte;
215 Sempre cobertos por vidro.

214

215

[418]

216 Shed in curtain wall.

Water supply by drainage of rainwater from the corrugated pvc roofing sheets into the double-pitched gutter, and from the gutter into the barrels.

216 Abrigo em fachada-cortina.

Abastecimento de água por drenagem das águas pluviais da chapa plástica da cobertura para a caleira em dupla pendente e da caleira para os bidões.

COZIN
NIREUS

[422]

217 Water storage in 5L water bottles, kept in the septic tanks installed for the prefab housing project.

217 Armazenamento de água em garrafões da mesma, guardados nas fossas sépticas do antigo bairro de prefabricados.

IC23
P.te Freixo
A3 Braga
IC23
P.te Arrábida
Gaia
A1 Lisboa

218 Up to 120 bottles per septic tank,
– 219 to avoid shortage during the summer.

218

219

218 Até 120 garrafões por fossa,
– 219 para que não falte no Verão.

220 Production of compost in compost bin fabricated from bucket with a hole in bottom, covered with newspaper.

220 Produção de adubo em compostor de balde furado em baixo coberto com jornal.

221 Fertilization and maintenance of
– 222 the fallow areas by covering soil with
rugs – decomposition of weeds.

Dancefloor.

221

221 Fertilização e manutenção das áreas 222
– 222 em pousio por cobertura do solo
com tapetes – decomposição das
ervas daninhas.

Pista de dança.

223 After the party.

223 Fim de festa.

HORSE

Context

Contexto

	2008	2009	2010	2011	2012	2013
Real GDP growth Taxa de crescimento real do PIB Pordata	0,32%	-3,12%	1,74%	-1,70%	-4,06%	-0,92%
Employment-to-population ratio Rácio emprego-população The World Bank	57,37%	55,49%	54,48%	52,72%	50,70%	49,62%
At-risk-of-poverty rate (before social transfers) Taxa de risco de pobreza (antes de qualquer transferência social) Pordata	41,5%	43,4%	42,5%	45,4%	46,9%	47,8%
Gini index for inequality in income distribution Índice de Gini para a desigualdade na distribuição de rendimentos Pordata	35,4%	33,7%	34,2%	34,5%	34,2%	34,5%
Well-being index Índice de Bem-estar Pordata	30,0%	32,4%	34,0%	34,0%	32,8%	33,8%

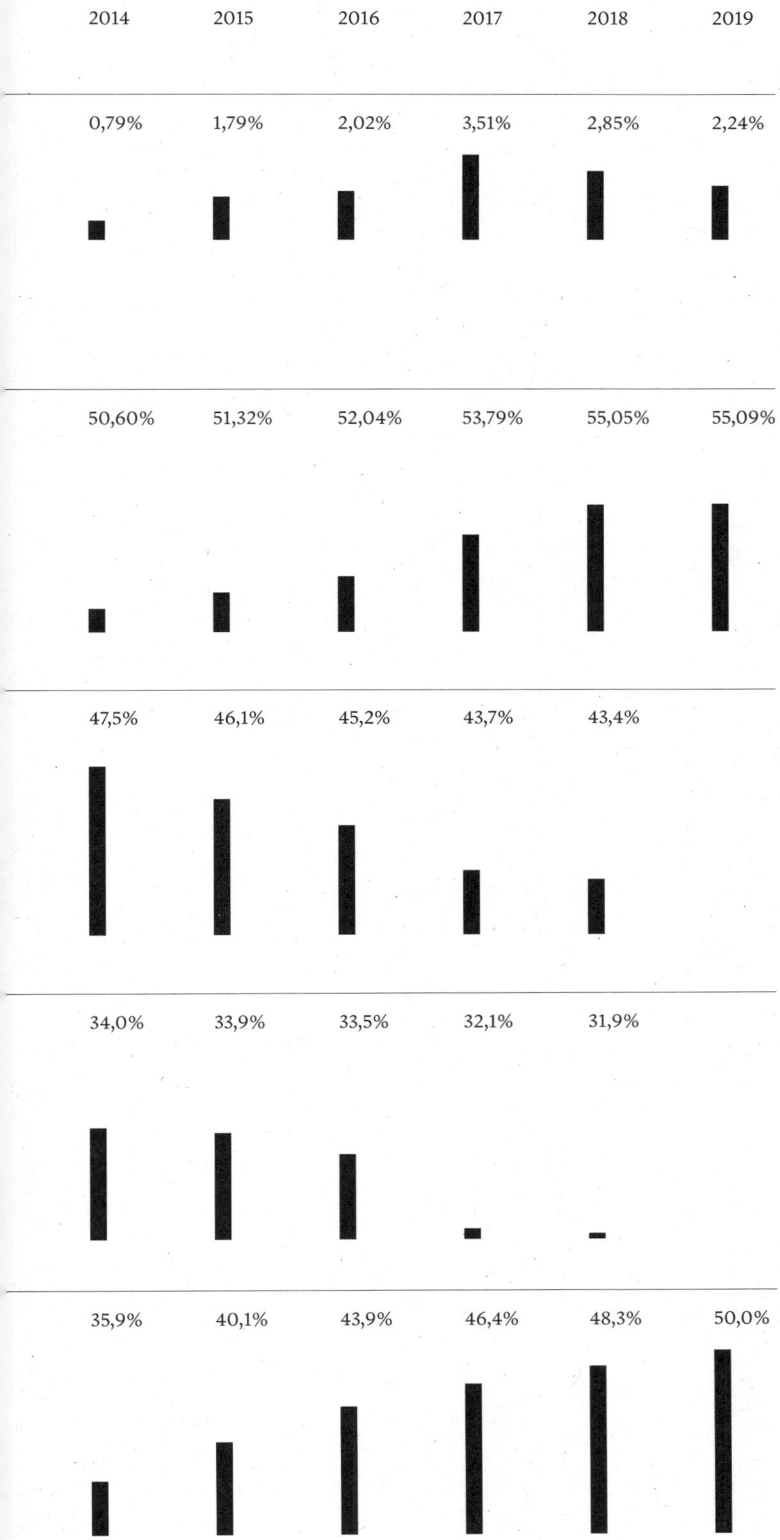

September 2008
Bankruptcy of Lehman Brothers
Setembro 2008
Falência do Lehman Brothers

May 2011
Portugal enters the European Union/International Monetary Fund bailout program
Maio 2011
Portugal entra no programa de resgate da União Europeia/Fundo Monetário Internacional

January 2013
Beginning of the photographic survey for *Notes from the Underdog*
Janeiro 2013
Início do levantamento fotográfico de *Anotações sobre o Abaixo de Cão*

July 2014
Portugal exits the European Union/International Monetary Fund bailout program
Julho 2014
Portugal sai do programa de resgate da União Europeia/Fundo Monetário Internacional

January 2015
End of the photographic survey and beginning of the editing process for *Notes from the Underdog*
Janeiro 2015
Fim do levantamento fotográfico e início do processo de edição de *Anotações sobre o Abaixo de Cão*

October 2020
End of the editing process and completion of the *Notes from the Underdog* project
Outubro 2020
Fim do processo de edição e conclusão de *Anotações sobre o Abaixo de Cão*

Collections

Colecções

SITES IMPLANTAÇÕES

2

6

22

38

44

98

126

154

155

156

199

208

PROTECTION PROTEÇÃO

3

17

18

30

31

32

33

34

35

39

117

200

204

205

209

210

DOORS PORTAS

40

46

47

48

49

50

51

52

53

118

182

183

184

201

STAIRCASES ESCADAS

16

91

92

93

94

95

96

140

WATER SUPPLY
ABASTECIMENTO DE ÁGUA

7

8

9

10

11

12

13

62

63

119

120

121

122

127

128

129

130

131

180

181

196

197

198

217

218

219

COMPOSTING COMPOSTAGEM

4

64

65

123

124

134

135

136

137

138

159

220

221

222

CONTAINMENT CONTENÇÃO

26

27

28

29

75

76

77

78

79

80

81

83

84

85

86

87

88

89

90

99

100

101

102

103

104

105

106

107

108

109

110

111

141

142

143

144

145

146

157

160

161

162

163

164

165

170

171

172

173

174

175

176

177

178

179

202

203

211

GERMINATION VESSELS VIVEIROS

66

67

68

69

70

71

72

147

148

149

150

166

167

168

169

213

214

215

TOOLS FERRAMENTAS

112

113

114

115

116

132

190

191

192

193

194

195

SHEDS ABRIGOS

36

42

43

54

55

56

57

58

59

60

61

151

185

186

187

216

LEISURE LAZER

19

152

188

189

206

223

Postscript: Cultivating Property

Post scriptum: Cultivar a Propriedade

These notes from the underdog take their impulse from a licentious language slippage which replaces the "underground" of Dostoyevsky's title with "underdog" and transforms "notes" into something closer to a field notebook, a locus to record the observations of a reality more marginal—more on the edge—than underground, something distant from the attention and visibility of centrality. Yet, these are also notes from under-the-ground, from things that literally grow from the soil.

These kitchen gardens are not like the victory gardens on the home front of both world wars, when the "Dig for Victory" appeal underscored the role of food in the war effort. They are more closely related to individual crises than to total conflagrations such as wars, and are, mostly, spaces of otherness, unassuming small paradises created amidst the generalized impoverishment produced by a wider economic crisis. They are simultaneously paradises and protests, places to stage the affirmation of individuality, to make a personal worldview fructify, as well as vehement demonstrations for the right to plant and against land waste—against property as the absurd possibility of desolating the land, of making it barren and uncultivated. They cultivate the fertility of this waste land, turning ground into soil and feeding those who labor on it.

Food sovereignty and the right to sustenance were some of the earliest and most evident victims of the Portuguese financial crisis in 2011 and the attendant World Monetary Fund intervention. In Porto, as in many other cities, scarcity—or the collective failure of our society to protect the most vulnerable—pushed many citizens to ingeniously reclaim and make fertile small patches of soil from uncultivated urban land, often on the fringes of infrastructure. Highway embankments, storm and industrial water drainage areas, leftover plots under overpasses, tiny plots adjacent to railways, and many other marginal urban geographies were suddenly made productive for the humble tables of those forced to defend their rights, or better said, to cultivate them with their own hands. This book is a small survey of some of these extreme forms of spatial use that blossomed in those hard times, sampling ten vegetable gardens out of the many that a huge diversity of our fellow citizens decided to plant, farm, broadcast, sow, and cultivate, fighting for their right to sustenance and fulfilling the social mandate of land ownership: till it and make it fruitful.

Most of these gardeners are mysterious underdogs, and all of these gardens are underground inventions, discreet bodies invented to literally make the bodies of their inventors and their collectives. These gardens are personal paradises, calling for particular types of terracing to form the ground; for gates and protections made of reclaimed materials to set their limits; for the bricolaging of ingenious tools for their working; for pragmatic means of water storage and channeling; for composting areas to replenish the nutrients on the ground; for learned farming practices capable of enacting cooperation and symbiosis among the vegetables in each garden; and also for a comfortable, preferably reclining, vantage point from which to rest and proudly contemplate a well-laid plot. This book annotates these anonymous contributions to a fuller practice of the right to the city: the right to a qualified—and let's add, nutritive—urban environment.

To learn from these gardens, these notes from the underdog must maintain the anonymity of the gardeners, because they exist outside what we call the formal system of titles and permits, or citizenship and ownership. Their singularity is being part of the crowd, partaking in and contributing to society without a name that allows them to be recognized or singled out. These gardens share the properties of many other formal places and events but lack a name, a specification of any particular agency or transforming agent. Perhaps it is for this reason that they are inadequately described as informal or illegal. But to label these gardens as without-form or outside-the-law is to be oblivious and incapable of learning from their forms and their laws. These labels are what Martha Rosler calls, with irony, inadequate descriptive systems. Her photographic installation *The Bowery in Two Inadequate Descriptive Systems* (1974–1975) is a protest against the stereotypical photographic representation of Bowery poverty. In contrast to the shameless use of misery even by documentary photography, Rosler proposes two alternative forms of description: on one side, frontal images of the Bowery's vacant storefronts and, on the other, a list of typewritten words associated with drunkenness—revealing both the urban place and the plot unfolding within it, without exploiting vagrants and alcoholics. These notes from the underdog, images and text as well, attempt, through a similar exercise, to unveil the forms, rules, and the laws of these *horti conclusi*.

Most food-producing vegetable gardens are, by definition, limited spaces, convincing and concluded gardens, unless we include in this category foraging in the open woods or the openness of gleaning after a harvest. These gardens are alien to forms of finding sustenance without cultivation and to dominant social forms of agricultural production. There is an uncanny otherness to the strategies, methods, and effects utilized and, equally, an otherness in the conditions of those who perform the labor: retired, unemployed, marginal, or simply outside the normative time of labor. These gardens are, nonetheless, like other *horti conclusi*, images of paradise, and thus well-deserving of a properly-planted chair for contemplation. And if their form is a relief to the sore eyes of their gardeners and quite deserving of contemplation, why insist on calling them informal? Can't we see their doors? Their limits? The well-laid rows of crops? The sheds where the tools are kept safe? The gullies and channels for water? The perfectly-weeded ground? The only thing missing is a recognizable form of capital investment. The gardens do not follow the forms and norms that money prescribes: they are a product of scarcity and, thus, a valuable lesson for the wider collective.

These gardens are also a form of a protest, imposing order and tillage upon places voided of use and meaning. They organize and formalize grounds that were outside the current order, making visible fantastic "beaches under the cobblestones." They stage these fantasies in previously nonexistent places: they, the have nots, invent small oases where the haves could only see dust or spaces waiting to be "naturalized" inside highway cloverleafs. And because these places unveil for us what we could not see before, we call them informal, as if form was simply a projection of the limits of our recognition, failing to see the generous new commons these people are plucking out of thin dust, mist, and smoke. These gardens show us all the words we as a society are forcibly erasing from the lexicon. They find words to say things we might not want to hear, and thus we respond by describing them as something lacking form.

Our failure is that we cannot see what Claude Lévi-Strauss argued only the "savage mind," found in the bricoleur, could see: the potency to transform rubbish—through precious chains of processes, tools, and products—into unexpected fertility, which the anonymous gardener contemplates with glee. The gaze of the architect looks with envy at this contextual foresight and design intelligence which stages the views, builds steps and terraces, retains the land, contrives soil good enough to grow vegetables, develops individual and collective water collection and distribution systems to irrigate said vegetables, fabricates precious tools, and builds fencing systems to secure the fruits of each gardener's labor out of the collective waste scattered in these voids. For architects, the process of learning from these endeavors might start with the project of formulating a better name, of igniting a better conversation with which to embrace this other architecture, this other way of cultivating the right to the city.

Outside-the-law is the other inadequate descriptive system utilized to characterize these vegetable gardens. Rushed descriptions of these humble paradises call them abusive, illegal, or extralegal. Apparently, these farmers do not pay rents, taxes, or fees to the private or public owners of the lands that their labors make produce a yield, which would be the form of law. These yields are thus bastard fruits, not recognized by the *pater*, the original Latin father at the origin of the heritage or patrimony that organizes private ownership. Yet the product of the toil of these farmers is what fulfills the social sense of property of the land—its productive and fruitful justification—in opposition to the more or less defined absent owner, who abandons the land and renders it waste and barren. Here, the law should take on a new and different form, because this farming of disowned land is simply taking possession of the future in protest against a hard and unfair present. In yielding food where nothing existed before, these farms do not subtract or take possession of anything. On the contrary, they fertilize wasted land and change the outline of the discussion. These gardens are the reverse of the clearing of forests to make farmable land. They do not efface a place; on the contrary, they inscribe a productive possibility in the ground. Most of them are contemporary forms of *rus in urbe*: they bring the countryside to the city, or, more precisely, they bring a memory of the old common lands of the countryside, before the enclosure of land imposed by the duality of public and private. They bring to mind old memories of lands without subdivisions or fences, collectively owned, where each member of the community was responsible for appropriating without depleting, of managing the shared interest of the collective while tending to his own basic sustenance. Most of the gardens in this book arose in places where those memories of the commons overlap with property lines, blurred or imaginary, private or public, and the temporal sense of land reclamation runs in reverse, with the law trying to reclaim the grounds that these farmers invented. Before the labor of these gardeners, there was no soil for the law to inscribe itself within. It is the law, property law, that is trespassing here, even if these gardens have doors and fences to declare the humble ownership of the food cultivated there. Planting, cultivating the urban soil, is both a right and a form of belonging to the city, and it is despicable and ridiculous to debate the legality of food making, when the inabrogable right to sustenance precedes the right to produce it.

Gardens, all gardens, trade in futures, appropriating fruits from under the ground, from the inside of the land where furrows are plowed, seeds are sown, and the soil is then flattened and watered in hopes of a harvest. Kitchen gardens are celebrations of the miraculous transmutation of the ground into food, making the waste ground—amidst the infrastructure and legal fabric—yield and bear fruit.

It is not much, but in the present moment—when industrial seeds are modified to have no future, when each crop ends a cycle instead of being a moment of renewal, when each year requires the purchase of new seeds from multinational companies (in the same manner that we renew a software license for a new and improved version), when a farmer can no longer project into the future the collective memories accumulated in his work of seed selection—these farms are in fact a protest as well as an affirmation of the self, a gesture of memory and rebellion. These casual farmers cultivate memories, many of them from quite far away, in time and space. They plant these memories of their ancestral rural cultures—imprinted when they moved to the city—and that patrimony is what they sow. They inhabit the future of the soil with these memories, and in so doing, they provide, they cultivate, they fructify, they feed, and they delineate another form and another law for the right to the city.

Joaquim Moreno

Estas anotações do abaixo de cão resultam de um deslize linguístico licencioso que substitui o "underground" do título de Dostoiévski por "underdog" e transforma as notas ou anotações em algo mais próximo de um caderno de campo onde registar as observações de uma realidade mais marginal ou limiar do que subterrânea, simplesmente distante da atenção e da visibilidade da centralidade. No entanto, estas são também notícias de debaixo do chão, de coisas que literalmente crescem do solo.

Estas hortas não são como as *Hortas da Vitória* das frentes domésticas de ambas as guerras mundiais, quando o apelo "Cavar pela Vitória" sublinhava o papel dos alimentos no esforço de guerra. Estão mais intimamente relacionadas com crises individuais do que com conflitos totais como as guerras, e são, na sua maioria, espaços de alteridade, pequenos paraísos criados no meio do empobrecimento generalizado produzido por uma crise económica. São simultaneamente paraísos e protestos, lugares para encenar a afirmação da individualidade, para fazer frutificar uma visão pessoal do mundo, bem como manifestações veementes pelo direito de plantar e contra o desperdício de terra; contra a propriedade como a possibilidade absurda de desolar a terra, de a tornar estéril e inculta. Cultivam a fertilidade em terras áridas, transformando o chão em terreno fértil e alimentando aqueles que nele trabalham.

A soberania alimentar e o direito ao sustento foram algumas das primeiras e mais evidentes vítimas da crise financeira portuguesa e da intervenção do Fundo Monetário Internacional em 2011. No Porto, como em muitas outras cidades, a escassez – ou seja, o fracasso da nossa sociedade em proteger os mais vulneráveis – levou muitos cidadãos a ocupar pequenos fragmentos de solo urbano não cultivado, muitas vezes junto a grandes infraestruturas, e a engenhosamente torná-los férteis. Taludes rodoviários, zonas de drenagem de águas pluviais e esgotos industriais, parcelas remanescentes debaixo de viadutos, pequenas parcelas adjacentes ao caminho de ferro e muitas outras geografias urbanas marginais, foram subitamente trazidas para as humildes mesas daqueles que foram obrigados a defender os seus direitos, ou melhor dito, a cultivá-los, com as suas próprias mãos. Este livro é um pequeno levantamento de algumas das formas extremas de uso espacial que floresceram naqueles tempos difíceis, mostrando dez hortas das muitas que os nossos concidadãos decidiram plantar, cultivar e semear, lutando pelo seu direito ao sustento, cumprindo o mandato social da propriedade da terra: cultivá-la e torná-la frutífera.

A maior parte destes hortelãos são incógnitos desfavorecidos e todas estas hortas são invenções subterrâneas, corpos discretos inventados para nutrir, ou literalmente "incorporar" os seus inventores e os seus coletivos. Estas hortas são paraísos pessoais que exigem estranhos socalcos para reter o chão que inventam, portões e proteções feitas de materiais reciclados para estabelecer os seus limites e uma bricolagem engenhosa de ferramentas para o seu trabalho; que exigem meios pragmáticos de armazenamento e canalização de água e áreas de compostagem para repor os nutrientes no solo; que requerem práticas agrícolas sofisticadas, capazes de promover a cooperação e a simbiose entre os vegetais de cada horta e, ainda, um ponto de vista confortável, de preferência reclinado, a partir do qual descansar e contemplar uma parcela bem arrumada. Este livro toma nota de algumas destas contribuições anónimas para uma prática mais completa do direito à cidade, o direito a um ambiente urbano qualificado e, vamos acrescentar, nutritivo.

Para aprender com estas hortas, estas anotações do abaixo de cão devem manter o anonimato dos hortelãos, porque eles existem fora do que chamamos o sistema formal de títulos e licenças, ou cidadania e propriedade. A sua singularidade é fazerem parte da multidão, participando e contribuindo para a sociedade sem um nome que lhes permita serem reconhecidos ou identificados. Estas hortas partilham a maior parte das propriedades dos lugares e dos acontecimentos ditos formais mas carecem de um nome, da especificação de qualquer agência particular ou agente transformador. Talvez por esta razão sejam inadequadamente descritos como informais ou ilegais. Mas nomear estas hortas como sem-forma ou sem-lei é sobretudo alhear-se delas e ser incapaz de aprender com as suas formas e as suas leis. Estes rótulos são o que Martha Rosler chama, com ironia, sistemas descritivos inadequados. A sua instalação fotográfica *The Bowery in Two Inadequate Descriptive Systems* (1974-1975) é um protesto contra a representação fotográfica estereotipada da pobreza na Bowery. Por oposição ao uso despudorado da miséria por parte de alguma fotografia documental, Rosler propõe duas formas alternativas de descrição: de um lado, imagens frontais das montras vazias da Bowery, do outro uma lista de palavras datilografadas associadas à embriaguez, revelando assim o lugar urbano e o seu enredo sem explorar vagabundos e alcoólicos. Estas anotações dos mais desfavorecidos, num formato semelhante de combinação de imagens e texto, procuram desvendar as formas, regras e as leis destes *horti conclusi*.

A maioria das hortas são, por definição, espaços limitados, convincentes e concluídos, a menos que incluamos nesta categoria a recoleção de alimentos na floresta ou a abertura dos campos depois da colheita para alimentar os respigadores. Estas hortas são estranhas tanto a formas de encontrar sustento sem cultivo como a formas sociais dominantes de produção agrícola. Há nelas uma extraordinária alteridade nas estratégias, métodos e efeitos utilizados, assim como nas condições de trabalho daqueles que as cultivam: reformados, desempregados, marginais, ou simplesmente fora do tempo normativo do trabalho. Mas importa reiterar que estas hortas são, como outros *horti conclusi*, imagens do paraíso, e por isso merecedoras de uma bem plantada cadeira contemplativa. Mas se a sua forma merecedora de contemplação é um bálsamo para os olhos doloridos dos seus hortelãos, porquê insistir em chamar informais a estes pequenos paraísos? Não conseguimos ver as suas portas? Os seus limites? As fileiras de culturas bem plantadas? Os barracões onde as ferramentas são mantidas em segurança? Os regos e a água encanada e distribuída? O solo perfeitamente mondado? A única coisa que falta é uma forma reconhecível de capital investido. Estas hortas não seguem as formas e as normas que o dinheiro prescreve: elas são um produto da escassez e, como tal, uma valiosa lição para o nosso coletivo mais alargado.

Estas hortas também têm a forma do protesto, impondo ordem e cultivo em locais vazios de uso e significado, organizando e formalizando terrenos que estavam fora da ordem estabelecida, e tornando visíveis novas "praias debaixo da calçada." Os hortelãos sem-propriedade encenam fantasias em locais anteriormente inexistentes, inventando pequenos oásis onde os com-propriedade só podiam ver pó ou espaços à espera de serem "naturalizados" dentro dos nós das autoestradas. E porque estes lugares nos revelam o que antes não podíamos ver, chamamos-lhes informais, como se a forma fosse simplesmente uma projeção dos limites do nosso reconhecimento, não vendo estes generosos novos patrimónios que estas pessoas estão a arrancar da poeira, da névoa e do fumo. Estes hortelãos revelam-nos as palavras que nós, como sociedade, estamos a apagar do léxico, e encontram palavras para dizer coisas que talvez não queiramos ouvir. Nós retribuímos descrevendo o seu trabalho como algo que carece de forma ou de palavra que o defina.

O nosso fracasso é não conseguirmos ver o que Claude Lévi-Strauss argumentou que apenas o "pensamento selvagem" do *bricoleur* consegue ver: a potência de transformar o lixo através de preciosas cadeias de processos, ferramentas e produtos em fertilidade inesperada que o hortelão anónimo contempla com satisfação. O arquiteto olha com inveja para a antevisão contextual e a inteligência de projeto que encena as vistas, constrói degraus e socalcos, retém o solo, constrói terreno suficientemente bom para cultivar legumes, desenvolve sistemas individuais e coletivos de recolha e distribuição de água para irrigar os referidos legumes, fabrica ferramentas preciosas e constrói sistemas de vedação para separar os frutos do trabalho de cada jardineiro do lixo coletivo espalhado nestes vazios. Para os arquitetos, o processo de aprender com estes esforços pode começar com o projeto de formular outro nome, de iniciar outra conversa com a qual abraçar esta outra arquitetura, esta outra forma de cultivar o direito à cidade.

Sem-lei ou fora-da-lei é o outro sistema descritivo inadequado utilizado para caraterizar estas hortas. As descrições apressadas destes humildes paraísos chamam-lhes abusivos, ilegais, ou fora-da-lei. Aparentemente estes agricultores não pagam rendas, impostos ou taxas aos proprietários privados ou públicos das terras que o seu trabalho faz produzir rendimento, o que seria a forma de lei. Estes rendimentos são assim frutos bastardos, não reconhecidos pelo *pater*, o pai do *Latim* na origem do património, da posse ou herança, que organiza a propriedade privada. No entanto, o produto do trabalho destes agricultores é o que cumpre a função social da propriedade da terra – a sua justificação produtiva e frutuosa – por oposição ao mais ou menos definido proprietário ausente que abandona a terra e a torna árida e desolada. Aqui, a lei deveria assumir uma nova e diferente forma, porque este cultivo da terra deserdada está simplesmente a tomar posse do futuro em protesto contra um presente duro e injusto. Ao produzir alimentos onde nada existia antes estas hortas não subtraem ou tomam posse de nada. Pelo contrário, fertilizam a terra desolada e alteram o contorno do debate. Estas hortas são o inverso da limpeza das florestas para produzir terreno arável. Não apagam um lugar para inventar outro, apenas inscrevem uma possibilidade produtiva no terreno. A maioria deles são formas contemporâneas de *rus in urbe*: trazem o campo para a cidade, ou, mais precisamente, trazem uma memória dos antigos baldios, das terras comuns, antes da apropriação, melhor dito, expropriação, imposta pela dualidade de público e privado. Trazem antigas memórias de terras sem subdivisões ou vedações, de propriedade coletiva, onde cada membro da comunidade era responsável por apropriar para si sem esgotar os recursos de todos, de gerir o interesse comum e atender ao seu próprio sustento. A maioria das hortas deste livro surgiram em lugares onde essas memórias dos bens comuns se sobrepõem a linhas de propriedade, desfocadas ou imaginárias, privadas ou públicas, e o sentido temporal da apropriação de terras corre ao contrário, com a lei a tentar apropriar os terrenos que estes agricultores inventaram. Antes do seu trabalho não havia terreno onde inscrever a lei. É a lei, a lei da propriedade, que está aqui a invadir, mesmo que estes jardins tenham portas e cercas para declarar a humilde propriedade dos alimentos aí cultivados. Plantar, cultivar o solo urbano, é tanto um direito como uma forma de pertencer à cidade, e é desprezível e ridículo debater a legalidade da produção de alimentos, quando o direito inderrogável ao sustento precede o direito de o produzir.

As hortas, como todos os jardins, negoceiam em futuros, apropriando os frutos de debaixo da terra, do interior da terra onde se lavraram os sulcos, se plantaram sementes e se cobriram e regaram na esperança de uma colheita. As hortas são celebrações da transmutação milagrosa do solo em alimento, fazendo com que o solo desperdiçado – nos interstícios da infraestrutura e do tecido legal – produza e dê frutos. Não é muito, mas no momento presente, em que as sementes industriais são modificadas para não terem futuro, quando cada cultura termina um ciclo em vez de ser um momento de renovação, quando cada ano exige a compra de novas sementes a empresas multinacionais (da mesma forma que renovamos uma licença de software para uma versão nova e melhorada), quando um agricultor já não pode projetar no futuro as memórias coletivas acumuladas no seu trabalho de seleção de sementes, estas hortas são de facto um protesto bem como uma afirmação individual, um gesto de memória e rebelião. Estes camponeses ocasionais cultivam memórias, muitas delas de muito longe, no tempo e no espaço. Eles plantam as memórias das suas culturas rurais ancestrais – impressas quando se mudaram para a cidade – e esse património é o que eles semeiam. Habitam o futuro do terreno com estas memórias e, ao fazê-lo, cultivam, frutificam, alimentam e desenham outra forma e outra lei para o direito à cidade.

Joaquim Moreno

Notes from the Underdog:
Agriculture for
Subsistence in Porto

Anotações sobre o Abaixo de Cão:
A Agricultura de
Subsistência do Porto

CAAA Centro para os Assuntos da Arte e Arquitectura

dgARTES DIREÇÃO-GERAL DAS ARTES

Apoio Criatório

Porto.

Concept and contents Conceito e conteúdos
Alexandre Delmar
Luís Ribeiro da Silva
Margarida Quintã
Joaquim Moreno

Content editing and copyediting
Edição e revisão de conteúdos
John Wriedt

Graphic design Design gráfico
Nonverbal Club

Lithography Litografia
ScanColor

Printing and binding Impressão e acabamento
Gutenberg Beuys,
Feindruckerei Langenhagen

Published by Publicado por
Spector Books
Harkortstraße 10
04107 Leipzig
www.spectorbooks.com

Distribution Distribuição
Germany, Austria: GVA, Gemeinsame Verlagsauslieferung
Göttingen GmbH&Co. KG,
www.gva-verlage.de
Switzerland: AVA Verlagsauslieferung AG, www.ava.ch
France, Belgium: Interart Paris, www.interart.fr
UK: Central Books Ltd,
www.centralbooks.com
USA, Canada, Central and South America, Africa:
ARTBOOK | D.A.P. www.artbook.com
Japan: twelvebooks, www.twelve-books.com
South Korea: The Book Society,
www.thebooksociety.org
Australia, New Zealand: Perimeter Distribution,
www.perimeterdistribution.com

First edition Primeira Edição
2021

Printed in the EU Impresso na UE
ISBN 978-3-95905-421-8